WEBER'S
FEIERABEND-
GRILLEN

AUTOR: JAMIE PURVIANCE
FOTOS: MEIKE BERGMANN UND FRANK WEYMANN

DIE GU-QUALITÄTS-GARANTIE

Wir möchten Ihnen mit den Informationen und Anregungen in diesem Buch das Leben erleichtern und Sie inspirieren, Neues auszuprobieren. Bei jedem unserer Bücher achten wir auf Aktualität und stellen höchste Ansprüche an Inhalt, Optik und Ausstattung. Alle Rezepte und Informationen werden von unseren Autoren gewissenhaft erstellt und von unseren Redakteuren sorgfältig ausgewählt und mehrfach geprüft. Deshalb bieten wir Ihnen eine 100 %ige Qualitätsgarantie.

Darauf können Sie sich verlassen:
Wir legen Wert darauf, dass unsere Kochbücher zuverlässig und inspirierend zugleich sind.
Wir garantieren:
- dreifach getestete Rezepte
- sicheres Gelingen durch Schritt-für-Schritt-Anleitungen und viele nützliche Tipps
- eine authentische Rezept-Fotografie

Wir möchten für Sie immer besser werden:
Sollten wir mit diesem Buch Ihre Erwartungen nicht erfüllen, lassen Sie es uns bitte wissen! Wir tauschen Ihr Buch jederzeit gegen ein gleichwertiges zum gleichen oder ähnlichen Thema um. Nehmen Sie einfach Kontakt zu unserem Leserservice auf. Die Kontaktdaten unseres Leserservice finden Sie am Ende dieses Buches.

GRÄFE UND UNZER VERLAG
Der erste Ratgeberverlag – seit 1722.

UMSCHLAGKLAPPEN

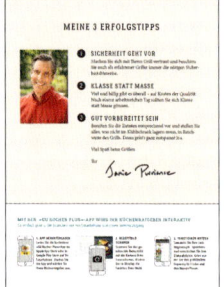

Erfolgstipps   *Die besten Kombis*

Grill vorbereiten: *Zubehör:*
Step by Step   *Welcher Grill für wen?*

Zubehör: *Pizza backen auf dem*
Wichtige Grillhelfer   *Pizzastein: Step by Step*

INHALT

GRILLGENUSS IN 30 MINUTEN
LOS GEHT'S!

Open-Air-Genuss am Abend –
mit den innovativen Rezepten von Grillprofi Jamie Purviance
gelingt das ganz einfach. Elektro- und Gasgrills kommen
ruckzuck auf Betriebstemperatur, da bleibt gerade noch genug Zeit,
das Grillgut zu würzen und die Beilagen zu schnippeln!

Ein Tisch, ein paar Stühle und dann jede Menge Gelassenheit,
das ist Weber's Feierabend-Grillen für alle, die nach einem
arbeitsreichen Tag Lust auf etwas Leckeres vom Grill haben.
Unkompliziert und schnell sind mit den Rezepten dieses Buchs
Köstlichkeiten wie Garnelen, Muscheln, Pizza, Burger oder Steaks
gezaubert – mal ganz klassisch, mal ausgefallen und exotisch.

Und mit den mobilen Elektro- und Gasgrills von Weber
ist auch niemand auf einen eigenen Balkon angewiesen.
Man grillt einfach da, wo es einen spontan hinzieht:
bei Freunden im Hinterhof, mit den Liebsten im Park
oder am lauschigen See in der Abendsonne.

Grillen bringt Menschen zusammen,
schafft Lebensfreude, Genuss und Entspannung.
Was könnte es an einem ganz normalen Abend
Schöneres geben, als sich genau das zu gönnen?

Willkommen beim After-Work-Grillen!

LUST AUF
KLEINES & FEINES

Manchmal darf es am Abend gern ein bisschen
weniger, aber dafür etwas ausgefallener sein:
Hier kommt die Feierabendküche mit vielen
feinen Kleinigkeiten vom Grill.

WASSERMELONEN-HALLOUMI-SPIESSE MIT MINZE

FÜR 4 PERSONEN / ZUBEREITUNGSZEIT: 25 MIN. / GRILLZEIT: 3–5 MIN.
ZUBEHÖR: GROSSE GELOCHTE GRILLPFANNE, 6–8 DOPPELSPIESSE, GRILLZANGE

- *500 g Halloumi
  (Grillkäse aus Zypern)*
- *500 g entkerntes
  Wassermelonenfruchtfleisch*
- *1½ EL Olivenöl*
- *¼ TL Salz*
- *1 kräftige Prise frisch
  gemahlener schwarzer Pfeffer*
- *120 ml Feigen-Balsamico*
- *1 EL fein gehackte Minzblätter*

1. Den Grill für direkte mittlere bis starke Hitze (200–260 °C) vorbereiten. Die Grillpfanne 10 Min. vorheizen.

2. Inzwischen Halloumi und Wassermelone in etwa 3 cm große Würfel schneiden; die Würfel sollten möglichst alle gleich groß sein. Abwechselnd Käse- und Melonenwürfel mittig so auf die Doppelspieße stecken, dass die flachesten Würfelseiten nach oben zeigen und eine ebene Oberfläche bilden. Nur diese Seite der Spieße mit Olivenöl bestreichen und mit Salz und Pfeffer würzen.

3. Mit der Grillzange die Spieße mit den geölten Seiten nach unten vorsichtig in die heiße Grillpfanne legen und über **direkter mittlerer bis starker Hitze** bei geschlossenem Deckel 3–5 Min. grillen, bis die Würfel auf den Unterseiten stellenweise kräftig gebräunt sind, dabei die Spieße nicht bewegen oder wenden. Anschließend die Spieße mit der Grillzange vorsichtig mit den gebräunten Seiten nach oben auf eine Servierplatte heben. Mit Feigen-Balsamico beträufeln, mit Minze bestreuen und sofort servieren.

COCKTAILTOMATEN MIT BURRATA UND BASILIKUM

FÜR 4–6 PERSONEN / ZUBEREITUNGSZEIT: 10 MIN.
GRILLZEIT: 5–6 MIN. / ZUBEHÖR: GROSSER GEMÜSEKORB

- *500 g Cocktailtomaten*
- *2–3 EL Olivenöl, plus etwa 1 EL zum Beträufeln*
- *1 große Knoblauchzehe, fein gehackt*
- *1 TL Salz*
- *¾ TL frisch gemahlener schwarzer Pfeffer*
- *180 g Burrata (ersatzweise Mozzarella), abgetropft*
- *1 Handvoll in feine Streifen geschnittene Basilikumblätter*
- *4–6 dicke Brotscheiben, nach Belieben geröstet*

1. Den Grill für direkte mittlere bis starke Hitze (200–260 °C) vorbereiten. Den Gemüsekorb 10 Min. vorheizen.

2. In einer mittelgroßen Schüssel die Tomaten mit 2–3 EL Olivenöl, Knoblauch, ¾ TL Salz und ½ TL Pfeffer vermischen. Die Tomaten nebeneinander in den Gemüsekorb geben und über **direkter mittlerer bis starker Hitze** bei geschlossenem Deckel 5–6 Min. grillen, bis sie stellenweise gebräunt sind, dabei mit Grillhandschuhen den Gemüsekorb gelegentlich rütteln, damit die Tomaten von allen Seiten gegrillt werden. Die Tomaten in die Mitte eines Serviertellers geben.

3. Die Burrata in kleine Stücke schneiden oder zupfen und über den Tomaten verteilen. Alles mit Basilikum bestreuen, dann mit 1 EL Olivenöl beträufeln und mit je ¼ TL Salz und Pfeffer würzen. Die Brotscheiben am Rand des Tellers auslegen, die Tomaten in die Mitte geben. Das Ganze mit einem großen Löffel servieren, mit dem sich jeder die Tomatenmischung auf die Brotscheiben häufen kann.

AUBERGINEN-CAPRESE

FÜR 4 PERSONEN (ERGIBT 12 STÜCK) / ZUBEREITUNGSZEIT: 20 MIN.
GRILLZEIT: 6–8 MIN. / ZUBEHÖR: GRILLZANGE

- *12 Tomatenscheiben (je 1 cm dick)*
- *12 Auberginenscheiben (je 2 cm dick)*
- *1½ EL Olivenöl, plus Olivenöl zum Anrichten*
- *Salz und frisch gemahlener schwarzer Pfeffer*
- *¼ TL getrockneter, gerebelter Oregano*
- *12 Mozzarellascheiben (je 1 cm dick)*
- *10 g Basilikumblätter, in feine Streifen geschnitten*

1. Ein Backblech mit Küchenpapier auslegen. Darauf die Tomatenscheiben nebeneinander legen, mit einer Lage Küchenpapier abdecken und dieses behutsam andrücken. Die Tomaten auf diese Weise entwässern, bis die Auberginen fertig gegrillt sind.

2. Den Grill für direkte mittlere Hitze (175–230 °C) vorbereiten.

3. Den Grillrost mit der Bürste säubern. Die Auberginenscheiben auf beiden Seiten dünn mit 1½ EL Olivenöl bestreichen und mit ½ TL Salz, ¼ TL Pfeffer und ¼ TL Oregano würzen.

4. Die Auberginen über **direkter mittlerer Hitze** bei geschlossenem Deckel 4–5 Min. grillen, bis sie kräftig gebräunt sind. Mit der Grillzange wenden und 2–3 Min. weitergrillen, bis sie weich sind. Auberginenscheiben nebeneinander auf einem Servierteller anrichten. Zuerst mit je 1 Mozzarellascheibe, dann mit 1 Tomatenscheibe belegen, anschließend mit je ½ TL Olivenöl beträufeln und nach Geschmack mit Salz und Pfeffer würzen. Mit Basilikum garnieren und servieren.

MIT KÄSE GEFÜLLTE DATTELN IM SPECKMANTEL

FÜR 4 PERSONEN (ERGIBT 12 STÜCK) ╱ ZUBEREITUNGSZEIT: 6–8 MIN.
GRILLZEIT: 7–10 MIN. ╱ ZUBEHÖR: GRILLPLATTE ODER GUSSEISERNE PFANNE, GRILLZANGE

- *12 weiche Medjool-Datteln*
- *60 g Gorgonzola dolce, gekühlt, entrindet, in 12 kleine Rechtecke geschnitten*
- *12 kleine Kräuterstängel (z. B. Rosmarin, Thymian oder Zitronenthymian), etwa 2 cm lang, plus Kräuterstängel zum Garnieren*
- *6 dünne Scheiben Frühstücksspeck, quer halbiert*

1. Den Grill für direkte mittlere Hitze (200–220 °C) vorbereiten. Die Grillplatte 10 Min. vorheizen.

2. Die Datteln seitlich einschneiden und den Stein herauslösen. Die Datteln mit je 1 Käserechteck und 1 Kräuterstängel füllen, behutsam zusammendrücken, sodass Käse und Kräuter vollständig eingeschlossen sind. Die Speckhälften einzeln in die Länge ziehen, jede Dattel quer mit 1 Speckhälfte umwickeln und an der Naht behutsam zusammendrücken.

3. Die Datteln mit der Naht nach unten auf die Grillplatte legen und über **direkter mittlerer Hitze** bei geschlossenem Deckel 2–3 Min. grillen, bis die Specknaht versiegelt ist. Dann die Datteln 5–7 Min. unter häufigem Wenden weitergrillen, bis der Speck rundherum gebräunt und knusprig ist.

4. Die Datteln auf einem Servierteller anrichten. Mit Kräuterstängeln garnieren und warm oder zimmerwarm servieren.

GEGRILLTE GARNELEN
MIT COCKTAILSAUCE

Für die schnelle Feierabendküche sind Garnelen wie geschaffen. Gönnen Sie ihnen trotzdem das 15-Minuten-Bad in der Marinade – dann schmecken sie umso besser.

FÜR 2–4 PERSONEN / ZUBEREITUNGSZEIT: 10 MIN. / MARINIERZEIT: 15 MIN.
GRILLZEIT: 5 MIN. / ZUBEHÖR: 4 METALL-, HOLZ- ODER BAMBUSSPIESSE

FÜR DIE GARNELEN

- *1 TL fein abgeriebene Schale von 1 Bio-Zitrone*
- *1 Bio-Zitrone, quer halbiert, Saft von 1 Hälfte ausgepresst*
- *2 Knoblauchzehen, fein gehackt*
- *½ TL Salz*
- *16 Riesengarnelen (Größe 7/10) oder 24 große Garnelen (Größe 21/25), geschält und entdarmt, Schwanzsegment nicht entfernt*
- *2 TL Öl*

FÜR DIE SAUCE

- *80 ml Tomatenketchup*
- *1 EL Zitronensaft*
- *2 TL Tafelmeerrettich*
- *½ TL Worcestersauce*
- *¼ TL abgeriebene Schale von 1 Bio-Zitrone*
- *¼ TL Salz*
- *¼ TL frisch gemahlener schwarzer Pfeffer*
- *3 Spritzer Chilisauce (z. B. Tabasco)*

1. Holz- oder Bambusspieße mind. 30 Min. wässern.

2. Für die Garnelen in einer großen Schüssel die Zitronenschale mit Zitronensaft, Knoblauch und Salz verrühren. Die Garnelen dazugeben und durchmischen. Die Schüssel mit Frischhaltefolie abdecken und die Garnelen im Kühlschrank 15 Min. marinieren.

3. Inzwischen die Zutaten für die Cocktailsauce in einer kleinen Servierschüssel verrühren und bis zum Servieren kalt stellen.

4. Den Grill für direkte mittlere bis starke Hitze (200–230 °C) vorbereiten.

5. Von der zweiten Zitronenhälfte zwei 1 cm dicke Scheiben abschneiden und die Scheiben halbieren. Zu den Garnelen 2 TL Öl geben und gleichmäßig unterrühren. Die Garnelen flach auf die Spieße stecken. Zum Schluss noch je ½ Zitronenscheibe flach auf die Spieße stecken.

6. Den Grillrost mit der Bürste säubern. Die Garnelen über **direkter mittlerer bis starker Hitze** bei geschlossenem Deckel grillen, bis sie nach 2–3 Min. leicht gebräunt und ein wenig rosafarben sind. Wenden und weitere 1–2 Min. grillen, bis sie sich fest anfühlen und auch im Kern nicht mehr glasig sind.

7. Die Garnelenspieße warm oder gekühlt servieren und die Cocktailsauce dazu reichen.

GEGRILLTE VENUSMUSCHELN MIT WERMUTBUTTER

Ein edler Snack am Abend! Kaufen Sie einige Muscheln mehr als im Rezept angegeben, da sich in der Regel ein paar von ihnen nicht öffnen werden.

FÜR 2–4 PERSONEN / ZUBEREITUNGSZEIT: 8–10 MIN. / GRILLZEIT: 15 MIN.
ZUBEHÖR: KLEINER FEUERFESTER TOPF, GRILLZANGE

FÜR DIE BUTTER

- *120 g Butter, in große Stücke geschnitten*
- *2 EL trockener oder extra trockener Wermut (z. B. Noilly Prat)*
- *2 Frühlingszwiebeln, nur die weißen und hellgrünen Teile fein gehackt*
- *2 Knoblauchzehen, fein gehackt*
- *¼ TL Salz*
- *1 EL fein gehackte glatte Petersilienblätter*
- *1 EL fein gehackter Estragon*

FÜR DIE MUSCHELN

- *24 große küchenfertige Venusmuscheln, Schalen abgebürstet*

ZUM ANRICHTEN

- *4 Scheiben rustikales Weißbrot (je 2 cm dick)*
- *1 Zitrone, geviertelt*

1. Den Grill für direkte mittlere bis starke Hitze (220–230 °C) vorbereiten.

2. Den Grillrost mit der Bürste säubern. In dem feuerfesten Topf die Butter über **direkter mittlerer bis starker Hitze** bei geschlossenem Grilldeckel zerlassen, dabei den Topf gelegentlich schwenken. Sobald die Butter halb geschmolzen ist, Wermut, Frühlingszwiebeln, Knoblauch und Salz einrühren. Den Topf vom Grill nehmen, wenn die Butter vollständig geschmolzen ist, dann Petersilie und Estragon unterrühren.

3. Während die Butter schmilzt, die Venusmuscheln direkt auf dem Rost über **direkter mittlerer bis starker Hitze** bei geschlossenem Deckel grillen, bis sie sich geöffnet haben. Manche öffnen sich bereits nach 3–4 Min., andere erst nach 8–12 Min. Prüfen Sie deshalb den Gargrad der einzelnen Muscheln mehrmals. Geöffnete Exemplare mit der Grillzange vom Grill nehmen und in eine große Schüssel geben. Achten Sie beim Herunternehmen darauf, möglichst nichts von dem Saft in den Muschelschalen zu verschütten. Muscheln, die sich nach 12 Min. nicht geöffnet haben, vom Grill nehmen und wegwerfen (sie sind verdorben).

4. Die Brotscheiben nur auf einer Seite dünn mit der flüssigen Wermutbutter bepinseln. Die Scheiben mit der gebutterten Seite nach unten auf den Grillrost legen und bei geöffnetem Deckel 2–3 Min. rösten. Die Venusmuscheln in der Schüssel mit der übrigen Wermutbutter beträufeln.

5. In vier Schalen je 1 geröstete Brotscheibe legen und darauf jeweils ein Viertel der Muscheln mitsamt der Buttersauce anrichten. Heiß servieren und dazu die Zitronenviertel zum Beträufeln reichen.

LUST AUF PIZZA, BURGER & TORTILLAS

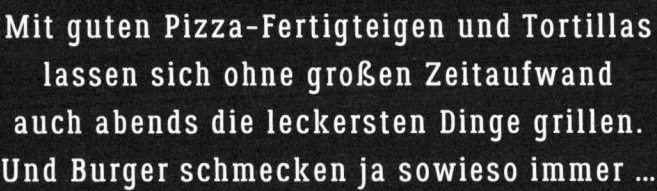

Mit guten Pizza-Fertigteigen und Tortillas
lassen sich ohne großen Zeitaufwand
auch abends die leckersten Dinge grillen.
Und Burger schmecken ja sowieso immer ...

GEGRILLTE PIZZA
MIT FEIGEN UND GORGONZOLA

Mildwürziger Gorgonzola und süße Feigen geben das Traumpaar, und ein bisschen Chili bringt zusätzlichen Schwung in die Liaison. Ein raffiniertes Abendessen!

FÜR 1–2 PERSONEN (ERGIBT 1 PIZZA) / ZUBEREITUNGSZEIT: 15 MIN. / GRILLZEIT: ETWA 7 MIN.
ZUBEHÖR: BREITER GRILLWENDER, GRILLZANGE, PIZZAHEBER (NACH BELIEBEN)

- *Olivenöl zum Ausrollen und Beträufeln*
- *220 g fertiger Pizzateig (Kühlregal) oder TK-Ware, aufgetaut, zimmerwarm*
- *4 EL Feigenkonfitüre*
- *120 g Gorgonzola dolce, zerbröckelt*
- *8 grüne oder violette Feigen, entstielt und längs geviertelt*
- *3 kräftige Prisen Chiliflocken*
- *1 TL Honig (oder nach Geschmack)*
- *8 Basilikumblätter, grob zerpflückt*

1. Den Grill für direkte mittlere bis starke Hitze (220–230 °C) vorbereiten.

2. Ein großes Schneidbrett dünn mit Olivenöl bestreichen. Den Pizzateig auf das Brett geben, mit etwas Öl beträufeln und zu einem Kreis (25 cm Ø) ausrollen. Sollte der Teig am Brett kleben bleiben, wenden und noch etwas Öl aufträufeln. Über den fertig ausgerollten Teigkreis ein quadratisches Stück Backpapier von gut 30 cm Kantenlänge breiten. Das Brett und die Papierauflage gut festhalten, das Ganze schwungvoll umdrehen und das Brett abnehmen. Mithilfe des Papiers den Teigboden auf den Pizzaheber oder ein randloses Backblech legen. Zusammen mit der Feigenkonfitüre, dem Käse und den Feigen zum Grill bringen.

3. Den Grillrost mit der Bürste säubern. Den Teig mit dem Papier nach unten auf den Rost gleiten lassen, sofort wenden und das Backpapier mit der Grillzange abziehen. Über **direkter mittlerer bis starker Hitze** bei geschlossenem Deckel 2–3 Min. backen, bis der Pizzaboden auf der Unterseite leicht gebräunt, ein wenig gemustert und etwas aufgegangen ist. Wenden und die Pizza weitere 2–3 Min. backen, bis die Unterseite gemustert ist. Vom Grill auf den Pizzaheber oder das Backblech geben.

4. Die Feigenkonfitüre zügig auf dem heißen Pizzaboden verstreichen. Die Pizza mit dem Käse bestreuen, dann die Feigen dekorativ auf der Pizza verteilen. Die belegte Pizza behutsam auf den Grillrost gleiten lassen und bei geschlossenem Deckel etwa 1 Min. backen, bis der Käse etwas geschmolzen ist.

5. Die Pizza auf ein großes Schneidbrett heben. Mit Chiliflocken bestreuen, mit Honig beträufeln und mit Basilikum garnieren. Wie eine Torte aufschneiden und sofort servieren.

GEGRILLTE PIZZA
MIT ZUCCHINI UND PESTO

Manchmal liegt es an der Schnitttechnik, wenn Gemüse zum Star wird.
Hier sind es dünne Zucchinibänder auf knuspriger Pizza und leckerstem Pesto.

FÜR 1–2 PERSONEN (ERGIBT 1 PIZZA UND ETWA 160 G PESTO) ⁄ ZUBEREITUNGSZEIT: 15 MIN.
GRILLZEIT: ETWA 4 MIN. ⁄ ZUBEHÖR: BREITER GRILLWENDER

- *70 g Pinienkerne oder Mandelstifte*
- *220 g fertiger Pizzateig (Kühlregal) oder TK-Ware, aufgetaut, zimmerwarm*
- *Mehl zum Arbeiten*
- *3 Knoblauchzehen, grob gehackt*
- *½ TL Salz*
- *2 große Bund Basilikum, Blätter abgezupft, ein paar Blätter zum Servieren beiseitegelegt*

- *80 ml plus 1½ EL Olivenöl, plus Öl nach Bedarf*
- *1 Bio-Zucchini, abgebraust und trocken getupft*
- *¼ Zitrone*
- *Meersalzflocken (z. B. Fleur de Sel) zum Servieren*

SCHÄLEN SIE DIE ZUCCHINIBÄNDER AUF EINER ZUCCHINISEITE IMMER NUR SO LANGE AB, BIS DIE KERNE SICHTBAR WERDEN.

Bild 1: Von der Zucchini Bänder abziehen.   *Bild 2: Den Teig mit einer Gabel einstechen.*

1. Die Pinienkerne in einer kleinen Pfanne ohne Fett auf mittlerer Stufe unter ständigem Rühren in 3–4 Min. hellbraun rösten. Auf einem Teller auskühlen lassen.

2. Den zimmerwarmen Pizzateig auf einer leicht bemehlten Arbeitsfläche zu einem 5 mm dicken Kreis (25 cm Ø) ausrollen. Dabei nach Bedarf mit etwas Mehl bestäuben, falls er klebt. Den Teigkreis mit einem sauberen Küchentuch abdecken.

3. Knoblauch mit Pinienkernen und Salz im Mixer grob hacken. Die Basilikumblätter zusammen mit 80 ml Olivenöl zufügen und alles zu einem geschmeidigen, streichfähigen Pesto verarbeiten. Falls es zu dickflüssig ist, noch 1 EL Öl untermixen.

4. Den Grill für direkte mittlere bis starke Hitze (200–230 °C) vorbereiten.

5. Inzwischen von der Zucchini mit einem Sparschäler oder Gemüsehobel dünne Bänder abschälen (Bild 1).

6. Auf der Ober- und Unterseite des Teigbodens ½ EL Olivenöl verstreichen. Den Teig mit einer Gabel an mehreren Stellen einstechen (Bild 2), damit er sich auf dem Grill möglichst wenig aufbläht.

Bild 3: Den Teigboden auf den Grill legen. *Bild 4: Mit einem breiten Grillwender umdrehen.*

7. Den Grillrost mit der Bürste säubern. Den Teigboden mit den Händen zügig auf den Grillrost legen (Bild 3). Über **direkter mittlerer bis starker Hitze** bei geschlossenem Deckel etwa 2 Min. backen, bis der Teigboden auf der Unterseite gebräunt und hübsch gemustert ist. Mit einem breiten Grillwender umdrehen (Bild 4) und bei geschlossenem Deckel etwa 2 Min. weiterbacken, bis die Unterseite gebräunt und gemustert ist und der Pizzaboden durchgebacken ist. Vom Grill nehmen und auf ein Schneidbrett geben.

8. Die Hälfte des Pestos gleichmäßig auf dem heißen Pizzaboden verstreichen (das übrige Pesto für eine spätere Verwendung in einem luftdichten Behälter bis zu 1 Woche im Kühlschrank aufbewahren; im Gefriergerät hält es sich 1–2 Monate). Die Zucchinibänder locker darauf verteilen und mit 1 EL Öl beträufeln. Das Zitronenviertel gleichmäßig über dem Pizzabelag ausdrücken, die Pizza mit Meersalzflocken würzen und mit den beiseitegelegte Basilikumblättern garnieren. Wie eine Torte aufschneiden und sofort servieren.

KLASSISCHER BURGER

Ein Feierabend-Burger ohne Schnickschnack, aber mit viel Geschmack.
Wichtig ist nur, dass Sie qualitativ bestes Rindfleisch kaufen, das idealerweise
frisch vom Metzger durchgedreht wird. Reinbeißen und glücklich sein!

FÜR 4 PERSONEN / ZUBEREITUNGSZEIT: 15 MIN. / GRILLZEIT: 8–10 MIN.
ZUBEHÖR: DIGITALES THERMOMETER

FÜR DIE PATTYS

- *700 g Rinderhackfleisch
  (20 % Fettgehalt)*
- *2 TL Worcestersauce*
- *2 TL Salz*
- *1 TL frisch gemahlener
  schwarzer Pfeffer*

ZUM ANRICHTEN

- *4 Burger-Brötchen,
  aufgeschnitten*
- *3 EL weiche Butter*
- *4 Salatblätter (z. B. Romana-
  oder Kopfsalat)*
- *8 Tomatenscheiben*
- *Tomatenketchup
  (nach Belieben)*
- *16 eingelegte Dillgurken-
  scheiben*

1. In einer mittelgroßen Schüssel die Zutaten für die Pattys vermengen. Aus der Hackfleischmasse vier gleich große, 2 cm dicke Pattys formen. Mit dem Daumen oder einem Löffelrücken in die Mitte jeweils eine flache, 2 cm breite Vertiefung drücken. Dadurch wölben sich die Pattys während des Grillens nicht hoch und garen gleichmäßiger. Pattys bis zum Grillen kalt stellen.

2. Den Grill für direkte mittlere Hitze (200 °C) vorbereiten.

3. Den Grillrost mit der Bürste säubern. Die Schnittflächen der Brötchen mit der weichen Butter bestreichen. Die Pattys über **direkter mittlerer bis starker Hitze** bei geschlossenem Deckel 8–10 Min. grillen, bis sie halb durch bzw. medium sind bei einer Kerntemperatur von 71 °C. Dabei die Pattys einmal wenden, sobald sie sich leicht vom Rost lösen lassen. Während der letzten 30–60 Sek. der Grillzeit die Brötchen mit den Schnittflächen nach unten über direkter Hitze rösten.

4. Zwischen die Brötchenhälften je 1 Salatblatt, 2 Tomatenscheiben und 1 Patty geben, nach Belieben mit Ketchup würzen und mit je 4 Gurkenscheiben belegen. Warm servieren.

CHEESEBURGER MIT SPECK

Speck und eine rauchige Barbecue-Sauce machen diese Cheeseburger zum Hochgenuss in gerade mal 25 Minuten. Sollten Sie auf dem Nachhauseweg noch beim Bäcker vorbeikommen: Fragen Sie nach französischen Brioche-Brötchen, die hier als Burger-Buns einfach super schmecken.

FÜR 4 PERSONEN / ZUBEREITUNGSZEIT: 15 MIN.
GRILLZEIT: 8–10 MIN.

FÜR DIE PATTYS

- 600 g Rinderhackfleisch (20 % Fettgehalt)
- 120 g Frühstücksspeck, in kleine Stücke geschnitten
- 3 EL rauchige Barbecue-Sauce (Fertigprodukt)
- ½ TL Knoblauchpulver
- ½ TL Salz
- ½ TL frisch gemahlener schwarzer Pfeffer

ZUM ANRICHTEN

- 4 Scheiben pikanter Cheddar
- 4 Burger-Brötchen, aufgeschnitten
- Toppings nach Wahl (z. B. Salatblätter, Tomaten-scheiben, Dillgurken, Zwie-beln, Tomatenketchup, Senf, Mayonnaise)

1. Den Grill für direkte mittlere bis starke Hitze (200–230 °C) vorbereiten.

2. In einer großen Schüssel die Zutaten für die Pattys vermengen. Aus der Hackfleischmasse vier gleich große, 1 cm dicke Pattys formen. Mit dem Daumen oder einem Löffelrücken in die Mitte der Pattys jeweils eine flache, 2 cm breite Vertiefung drücken. Dadurch wölben sich die Pattys während des Grillens nicht hoch und garen gleichmäßiger.

3. Den Grillrost mit der Bürste säubern. Die Pattys über **direkter mittlerer bis starker Hitze** bei geschlossenem Deckel 8–10 Min. grillen, bis sie durchgegart sind, dabei einmal wenden, sobald sie sich mühelos vom Rost lösen lassen. 1–2 Min. vor Ende der Grillzeit die Pattys jeweils mit 1 Scheibe Cheddar belegen und den Käse bei geschlossenem Deckel schmelzen lassen. Gleichzeitig die Brötchenhälften mit den Schnittflächen nach unten über direkter Hitze rösten, bis sie leicht gebräunt und hübsch gemustert sind.

4. Zwischen die Brötchenhälften jeweils 1 Patty zusammen mit Toppings nach Wahl geben und die Burger warm servieren.

KOREANISCHE HÄHNCHEN-BURGER

Die chilischarfe Kimchi-Exotik in der Marinade wird zum wahren Geschmacks-booster für das Hähnchenfleisch. Und auch als Topping macht sich das koreanische Superfood Kimchi einfach großartig. Da kann der Hunger abends noch so klein sein!

FÜR 4 PERSONEN / ZUBEREITUNGSZEIT: 20 MIN.
GRILLZEIT: 7 MIN.

FÜR DIE MARINADE
- *2 EL Flüssigkeit aus dem Glas Kimchi (siehe unten)*
- *1 EL Honig*
- *1 EL geröstetes Sesamöl*
- *1½ TL Salz*
- *1 TL Paprikapulver*

FÜR DIE BURGER
- *4–8 dünne Hähnchen-brustschnitzel*
- *2 TL geröstetes Sesamöl*
- *1½ TL Reisessig*
- *½ TL Salz*
- *½ Salatgurke, quer in sehr dünne Scheiben geschnitten*
- *8 Frühlingszwiebeln, Wurzelansatz entfernt*
- *4 Burger-Brötchen, aufgeschnitten*
- *200 g Kimchi (eingelegter fermentierter Chinakohl aus Korea), abgetropft*
- *2 EL Mayonnaise*

1. In einer großen Schüssel die Marinadezutaten glatt rühren. Die Hähnchenschnitzel in der Marinade wenden, bis sie gleich-mäßig von Marinade überzogen sind. Beiseitestellen.

2. Den Grill für direkte mittlere bis starke Hitze (200–230 °C) vorbereiten.

3. In einer mittelgroßen Schüssel 1½ TL Sesamöl mit Reisessig und ¼ TL Salz verrühren. Die Gurkenscheiben dazugeben und gründlich durchmischen.

4. Den Grillrost mit der Bürste säubern. Die Frühlingszwiebeln mit dem restlichen ½ TL Sesamöl bestreichen und mit dem rest-lichen ¼ TL Salz würzen. Schnitzel und Frühlingszwiebeln über **direkter mittlerer bis starker Hitze** bei geschlossenem Deckel etwa 5 Min. grillen, bis sich das Fleisch fest anfühlt und durch-gebraten ist und die Frühlingszwiebeln gebräunt sind. Dabei die Zutaten ein- bis zweimal wenden.

5. Die Brötchenhälften mit den Schnittflächen nach unten über direkter Hitze bei geöffnetem Deckel 1–2 Min. rösten, bis sie ge-bräunt sind. Die unteren Brötchenhälften auf einzelne Teller ge-ben und jeweils mit 1–2 Hähnchenschnitzeln belegen. Auf jede Brötchenhälfte einige Gurkenscheiben, 2 Frühlingszwiebeln und ein Viertel des Kimchi geben. Die oberen Brötchenhälften mit je ½ EL Mayonnaise bestreichen und damit die Füllung bedecken. Die Burger warm servieren.

QUESADILLAS
MIT HÄHNCHEN UND FRÜHLINGSZWIEBELN

Die mexikanischen »Käsetoasts«, hier mit einer Füllung und einem Topping, lassen sich in Dreiecke geschnitten wunderbar als Fingerfood verspeisen.

FÜR 3 PERSONEN ⁄ ZUBEREITUNGSZEIT: 25 MIN. ⁄ GRILLZEIT: 9–12 MIN.
ZUBEHÖR: GUSSEISERNE PFANNE, BREITER GRILLWENDER

FÜR DIE QUESADILLAS
- *300 g Hähnchenbrustfilet, der Länge nach in 2 cm breite Streifen geschnitten*
- *8 Frühlingszwiebeln, in Stücke geschnitten*
- *3 EL Olivenöl*
- *1 TL Salz*
- *½ TL frisch gemahlener schwarzer Pfeffer*
- *½ TL getrockneter, gerebelter Oregano*
- *6 Weizentortillas (20 cm Ø)*
- *120 g grob geriebener Cheddar*
- *1 EL fein gehackte Jalapeño-Chilischoten ohne Kerne*
- *50 g geräucherter italienischer Scamorza-Käse, grob gerieben*

FÜR DAS TOPPING
- *180 g Schmand oder Crème fraîche*
- *120 ml Salsa (Fertigprodukt; nach Belieben)*
- *20 g Korianderblätter, samt zarten Stielen grob gehackt*

DER RAUCHIGE GESCHMACK DES SCAMORZA-KÄSES PASST GROSSARTIG ZU HÄHNCHENFLEISCH.

Bild 1: Pfanne mit Grillhandschuhen tragen.   *Bild 2: Hähnchenfleisch immer durchbraten.*

1. Den Grill für direkte und indirekte mittlere Hitze (175–230 °C) vorbereiten. Die Gusseisenpfanne 10 Min. vorheizen.

2. In einer Schüssel Hähnchen und Frühlingszwiebeln mit 1 EL Öl, ¼ TL Salz, Pfeffer und Oregano vermengen. Die Mischung in einer Lage in der heißen Gusseisenpfanne verteilen und über **direkter mittlerer Hitze** bei geschlossenem Deckel 6–8 Min. grillen, bis das Fleisch durchgebraten ist und die Frühlingszwiebeln weich und gebräunt sind. Dabei alles ein- bis zweimal wenden. Die Pfanne mit Grillhandschuhen vom Grill nehmen (Bild 1). Hähnchenstücke und Frühlingszwiebeln auf einem Schneidbrett abkühlen lassen. Zuvor ein Hähnchenstück auf dem Brett in der Mitte durchschneiden und prüfen, ob es durchgebraten ist (Bild 2). In der Zwischenzeit den Grillrost mit der Bürste säubern.

3. Die Hähnchenstücke grob würfeln. Die Tortillas auf einer Seite mit 2 EL Öl bestreichen, dann 3 Tortillas wenden, sodass die geölten Seiten unten liegen. Diese 3 Tortillas jeweils mit einem Drittel des Cheddars bestreuen, dabei außen einen 1 cm breiten Rand frei lassen. Fleisch und Frühlingszwiebeln auf dem Käsebelag der Tortillas verteilen und mit ¼ TL Salz würzen, dann mit gehackten Chilis und

Bild 3: Belegte Tortilla mit 1 cm breitem Rand. *Bild 4: Tortilla vom Blech auf den Rost ziehen.*

Scamorza bestreuen (Bild 3). Eine belegte Tortilla auf ein randloses Backblech geben, mit jeweils einer unbelegten Tortilla, eingeölte Seite nach oben, abdecken und vorsichtig vom Blech auf den Rost ziehen (Bild 4). Die anderen Tortillas zügig genauso verarbeiten und vom Blech auf den Grillrost ziehen.

4. Die Quesadillas über **direkter mittlerer Hitze** bei geschlossenem Deckel etwa 2 Min. grillen, dabei alle 30 Sek. mit dem breiten Grillwender kurz zusammenpressen und anschließend ein wenig drehen. (Sollten die Unterseiten zu schnell bräunen, die Quesadillas in die indirekte Zone legen.) Jede Quesadilla erst dann vorsichtig wenden, wenn ihre Oberseite durch den geschmolzenen Käse schön weich ist. Die Quesadillas nach dem Wenden 1–2 Min. weitergrillen, bis die Unterseiten etwas gebräunt sind.

5. Quesadillas vom Grill nehmen und etwa 30 Sek. ruhen lassen. Die Oberseiten mit Schmand bestreichen und die Quesadillas wie eine Torte in Stücke schneiden. Auf einer großen Servierplatte anrichten, auf jedes Stück nach Belieben etwas Salsa löffeln, mit Koriander bestreuen und sofort servieren.

TORTILLAS
MIT ENTE UND WEISSKOHLSALAT

Ein »Ich-gönne-mir-heute-was«-Essen, das trotzdem nicht aufwendig ist.
Bitten Sie Ihren Geflügelhändler, die fettreiche Haut der Entenbrust zu entfernen.

FÜR 4 PERSONEN / ZUBEREITUNGSZEIT: ETWA 20 MIN. / GRILLZEIT: 7–11 MIN.
ZUBEHÖR: DIGITALES THERMOMETER

- *2 Entenbrustfilets ohne Haut (je etwa 300 g)*
- *2 EL Raps- oder Traubenkernöl*
- *1½ TL gemahlener Kreuzkümmel*
- *¾ TL Salz*
- *½ TL frisch gemahlener schwarzer Pfeffer*
- *350 g Weißkohl, fein gehobelt*
- *2 EL frisch gepresster Limettensaft*
- *2 EL fein gehackte Koriander- oder Minzblätter*
- *250 ml Salsa (Fertigprodukt)*
- *1 TL Chipotle-Chilipulver*
- *8 Weizentortillas (20 cm Ø)*
- *150 g mexikanischer Cotija- oder Panela-Käse (ersatzweise Feta), zerbröckelt*

1. Die Entenfilets auf beiden Seiten dünn mit 1 EL Öl bestreichen und mit Kreuzkümmel, ½ TL Salz und ¼ TL Pfeffer würzen. In einer Schüssel den gehobelten Weißkohl mit 1 EL Öl, Limettensaft, gehackten Kräutern und je ¼ TL Salz und Pfeffer vermischen. Bis zur Verwendung beiseitestellen.

2. Den Grill für direkte und indirekte mittlere bis starke Hitze (200–260 °C) vorbereiten.

3. In einer kleinen Schüssel Salsa und Chilipulver verrühren. Bis zur Verwendung beiseitestellen.

4. Den Grillrost mit der Bürste säubern. Die Entenfilets über **direkter mittlerer bis starker Hitze** bei geschlossenem Deckel auf beiden Seiten je etwa 2 Min. grillen, bis sich das Fleisch fest anfühlt und hübsch gemustert ist. Anschließend über **indirekte mittlere bis starke Hitze** legen und bis zum gewünschten Gargrad weitergrillen, je nach Dicke der Entenfilets 3–7 Min. für halb durch bzw. medium bei einer Kerntemperatur von 60 °C. Vom Grill nehmen und 5 Min. nachziehen lassen. Inzwischen die Tortillas über indirekter Hitze erwärmen.

5. Das Entenfleisch quer zur Faser in dünne Scheiben schneiden. Die Scheiben auf jeweils einer Hälfte der warmen Tortillas verteilen und je 1 großen Löffel Weißkohlsalat, 2 EL Salsa und 2 EL Käse daraufgeben. Die freien Tortillahälften über die Füllung klappen und die Tortillas warm servieren.

TORTILLAS HUEVOS RANCHEROS

Der herzhafte mexikanische Frühstücksklassiker entpuppt sich auch als tolles Abendessen und macht satt: Je nach Hunger gibt es ein oder zwei Eier bzw. Tortillas.

FÜR 4 PERSONEN / ZUBEREITUNGSZEIT: 20 MIN. / GRILLZEIT: 3–4 MIN.
ZUBEHÖR: GUSSEISERNE PFANNE

FÜR DAS BOHNENPÜREE
1 EL Rapsöl • 4 EL feine Zwiebelwürfel • 2 Knoblauchzehen, fein gehackt • 1 TL Chilipulver • 1 Dose (400 g) Pintobohnen (Wachtelbohnen), abgebraust und abgetropft • 160 ml Hühnerbrühe, plus Brühe nach Bedarf • ¼ TL Salz • 1 kräftige Prise frisch gemahlener schwarzer Pfeffer

FÜR DIE EIER
1 EL Butter • 4–8 Eier (Größe L) • ¼ TL Salz • 1 kräftige Prise frisch gemahlener schwarzer Pfeffer

ZUM SERVIEREN
4–8 Maistortillas (15 cm Ø) • 250 ml Salsa (Fertigprodukt) • 120 g Schmand • 50 g mexikanischer Panela-Käse (ersatzweise Feta), zerbröckelt • 2 EL grob gehackte Korianderblätter • 1 Avocado, das Fruchtfleisch in 1 cm dicke Spalten geschnitten

1. Den Grill für direkte und indirekte mittlere bis starke Hitze (200–260 °C) vorbereiten.

2. Inzwischen für das Bohnenpüree in einer mittelgroßen Pfanne das Öl auf mittlerer Stufe erhitzen. Zwiebelwürfel darin unter Rühren in 2–3 Min. weich dünsten. Knoblauch und Chilipulver dazugeben, 1 Min. weiterrühren, dann Bohnen und Brühe zufügen und alles 4–6 Min. unter häufigem Rühren köcheln lassen, bis die Bohnen durchgewärmt und ganz weich sind. Anschließend die Bohnen mit dem Rücken eines Holzlöffels grob zerdrücken. Falls das Püree zu trocken ist, nach Bedarf esslöffelweise weitere Brühe unterrühren. Zum Schluss das Bohnenpüree mit Salz und Pfeffer würzen. Die Pfanne vom Herd nehmen und das Püree zugedeckt warm halten.

3. Den Grillrost mit der Bürste säubern. Die Gusseisenpfanne über **direkte mittlere bis starke Hitze** stellen und die Butter darin zerlassen. Die Eier in die Pfanne schlagen und in 3–4 Min. zu Spiegeleiern braten. Für festere Dotter den Grilldeckel währenddessen schließen. Die Spiegeleier salzen und pfeffern. Während die Eier braten, die Tortillas über indirekter Hitze erwärmen.

4. Auf einzelne Teller jeweils 1–2 warme Tortillas legen, auf den Tortillas gleichmäßig Bohnenpüree verstreichen und in der Mitte jeweils Spiegeleier anrichten. Die Salsa großzügig am Rand der Tortillas sowie rings um die Spiegeleier verteilen. Etwas Schmand rundherum auf die Salsa geben und den Rand mit Käse und Koriander bestreuen. Zum Schluss die Tortillas mit Avocadospalten belegen und sofort servieren.

LUST AUF FLEISCH & WURST

Ob mächtiges T-Bone-Steak, Fleischspieße
oder Würste: Mit diesen Rezepten sind Sie
für jeden Geschmack und Hunger gerüstet –
und jede Menge Grillspaß gibt es inklusive.

T-BONE-STEAK
MIT KNOBLAUCH UND ROSMARIN

Wenn Sie nach Hause kommen, sollten Sie das Highlight des Abends gleich mal aus dem Kühlschrank nehmen, damit es zimmerwarm auf den Grill kommt.

FÜR 4 PERSONEN / ZUBEREITUNGSZEIT: 10 MIN. / GRILLZEIT: 10–14 MIN.
ZUBEHÖR: KLEINER FEUERFESTER TOPF MIT HOHEM RAND, DIGITALES THERMOMETER

- *80 ml plus 2 EL Olivenöl*
- *1 EL fein gehackter Rosmarin, plus einige Rosmarinzweige für das Öl und zum Garnieren*
- *2 Knoblauchzehen, fein gehackt*
- *2 TL frisch gemahlener schwarzer Pfeffer*
- *1½ TL Salz*
- *¼ TL Cayennepfeffer*
- *2 T-Bone-Steaks (je 700 g schwer und 4 cm dick), zimmerwarm*

1. In einer kleinen Schüssel 2 EL Öl mit gehacktem Rosmarin, Knoblauch, Pfeffer, Salz und Cayennepfeffer zu einer Paste verrühren. Die Steaks auf beiden Seiten mit der Rosmarinpaste einreiben. Bei Raumtemperatur beiseitelegen.

2. Den Grill für direkte mittlere bis starke Hitze (200–230 °C) vorbereiten.

3. Inzwischen 80 ml Olivenöl und 1 Rosmarinzweig in den feuerfesten Topf geben. Sobald der Grill betriebsbereit ist, den Grillrost mit der Bürste säubern, dann den feuerfesten Topf über direkte Hitze stellen. Das Öl erwärmen und den Rosmarin darin ziehen lassen, während die Steaks gegrillt werden.

4. Die Steaks über **direkter mittlerer bis starker Hitze** bei geschlossenem Deckel bis zum gewünschten Gargrad grillen, 8–10 Min. für rosa/rot bzw. medium rare bei einer Kerntemperatur von 52–57 °C. Dabei die Steaks ein- bis zweimal wenden. Vom Grill nehmen und auf einem Schneidbrett 3–5 Min. nachziehen lassen. Den Topf ebenfalls vom Grill nehmen.

5. Von den T-förmigen Knochen jeweils Roastbeef und Filet ablösen und quer zur Faser in 1–2 cm dicke Scheiben schneiden. Auf einer Servierplatte anrichten und das Fleisch mit ein wenig Rosmarinöl beträufeln. Mit Rosmarinzweigen garnieren und die Steakscheiben warm servieren. Restliches Rosmarinöl separat zu den Steaks reichen.

RINDFLEISCH-KÖFTE

Die »Burger« des Nahen Ostens sind im Handumdrehen zubereitet und gegrillt und schmecken einfach immer. Wer mag, stellt zu den Köfte noch Zaziki auf den Tisch – entweder aus dem Supermarkt oder selbst gemacht nach dem Rezept auf Seite 58.

FÜR 4 PERSONEN / ZUBEREITUNGSZEIT: 15 MIN. / GRILLZEIT: 8–10 MIN.
ZUBEHÖR: 4 METALLSPIESSE

- *500 g Rinderhackfleisch (20 % Fettgehalt)*
- *1 kleine Zwiebel, mittelfein geraspelt*
- *4 EL fein gehackte glatte Petersilienblätter*
- *2 EL gehackte Minzblätter*
- *1 TL Salz*
- *1 TL frisch gemahlener schwarzer Pfeffer*
- *1 TL gemahlener Kreuzkümmel*
- *¾ TL gemahlener Koriander*
- *½ TL gemahlener Piment*
- *Pita-Brote zum Servieren*

1. In einer großen Schüssel die Zutaten für die Köfte vermengen. Die Hackfleischmasse in vier gleich große Portionen teilen, diese jeweils wie ein Ei formen und mittig auf einen Spieß stecken. Anschließend die Fleischportionen um die Spieße herum behutsam zu etwa 3 cm dicken, länglichen Ovalen rollen. Bis zum Grillen in den Kühlschrank stellen.

2. Den Grill für direkte mittlere bis starke Hitze (200–230 °C) vorbereiten.

3. Den Grillrost mit der Bürste säubern. Die Spieße vorsichtig auf den Rost legen, dabei mit der flachen Hand die weichen Köfte von unten stützen, damit sie nicht vom Spieß fallen oder ihre Form verlieren. Die Köfte über **direkter mittlerer bis starker Hitze** bei geschlossenem Deckel 8–10 Min. grillen, dabei häufig wenden, bis sie halb durch bzw. medium und auf allen Seiten gebräunt sind. Mit den Pita-Broten warm servieren.

STELLEN SIE DIE KÖFTE VOR DEM GRILLEN KALT, DAMIT SIE ETWAS FESTER WERDEN. IN DER ZWISCHENZEIT BEREITEN SIE DEN GRILL VOR.

PROVENZALISCHE LAMMSPIESSE

FÜR 4 PERSONEN / ZUBEREITUNGSZEIT: 15 MIN.
GRILLZEIT: 12–14 MIN. / ZUBEHÖR: 4 METALLSPIESSE, GRILLZANGE

- *600 g ausgelöste Lammkeule, überschüssiges Fett entfernt, in 3 cm große Würfel geschnitten*
- *1 rote Paprikaschote, in 3 cm große, möglichst flache Stücke geschnitten*
- *1 EL Olivenöl*
- *1 EL getrocknete Kräuter der Provence*
- *1¼ TL Salz*
- *¾ TL frisch gemahlener schwarzer Pfeffer*
- *2 Bio-Zitronen, von 1 Frucht die Schale fein abgerieben, die andere längs geviertelt*
- *Kräuterstängel zum Garnieren (z. B. Lavendel, Rosmarin und Thymian)*

1. In einer großen Schüssel Lammfleischwürfel und Paprikastücke mit Olivenöl, Kräutern der Provence, Salz, Pfeffer und abgeriebener Zitronenschale vermengen, bis Fleisch und Gemüse gleichmäßig mit Öl, Gewürzen und Kräutern überzogen sind.

2. Den Grill für direkte mittlere bis starke Hitze (200–230 °C) vorbereiten.

3. Fleisch und Paprika abwechseln auf die Metallspieße stecken und mit je 1 Zitronenviertel abschließen.

4. Den Grillrost mit der Bürste säubern. Die Spieße über **direkter mittlerer bis starker Hitze** bei geschlossenem Deckel grillen, bis das Fleisch nach 12–14 Min. rosa/rot bzw. medium rare ist. Dabei ein- bis zweimal wenden. Die Spieße vom Grill nehmen.

5. Spieße auf einer Servierplatte anrichten und mit Kräuterstängeln garnieren. Heiß oder zimmerwarm servieren.

LAMMKOTELETTS AUF CHINESISCHE ART

FÜR 4 PERSONEN / ZUBEREITUNGSZEIT: 15 MIN.
GRILLZEIT: 8–10 MIN. / ZUBEHÖR: GRILLZANGE

- 4 Lammkoteletts aus der Schulter (je etwa 300 g schwer und 3–4 cm dick)
- 1 TL Salz
- ½ TL frisch gemahlener schwarzer Pfeffer
- 4 EL Hoisin (chinesische Würzsauce)
- 1 EL chinesischer Reiswein zum Kochen (z. B. Shao Xing)
- 1 EL Chili-Knoblauch-Sauce
- 1 EL frisch geriebener Ingwer
- 2 Knoblauchzehen, fein gehackt
- 2 Frühlingszwiebeln, nur die weißen und hellgrünen Teile schräg in feine Scheiben geschnitten

1. Den Grill für direkte mittlere bis starke Hitze (etwa 230 °C) vorbereiten.

2. Die Koteletts auf beiden Seiten salzen und pfeffern. In einer kleinen Schüssel Hoisin mit Reiswein, Chili-Knoblauch-Sauce, Ingwer und Knoblauch verrühren. Die Koteletts jeweils auf einer Seite dünn mit der Glasur bestreichen.

3. Den Grillrost mit der Bürste säubern. Die Koteletts mit der glasierten Seite nach unten auf den Rost legen, dann die restliche Glasur auf der Oberseite der Koteletts verstreichen. Über **direkter mittlerer bis starker Hitze** bei geschlossenem Deckel bis zum gewünschten Gargrad grillen, 8–10 Min. für rosa/rot bzw. medium rare. Dabei die Koteletts ein- bis zweimal wenden. Vom Grill nehmen und etwa 5 Min. nachziehen lassen.

4. Die Koteletts auf einem Servierteller anrichten, mit den Frühlingszwiebeln bestreuen und warm servieren.

MERGUEZ MIT PISTAZIEN-AÏOLI UND RUCOLA

Schön scharf sind die ursprünglich aus Nordafrika stammenden Merguez-Würste, mit denen Sie am Grill mit Sicherheit Furore machen. Unbedingt probieren!

FÜR 4 PERSONEN / ZUBEREITUNGSZEIT: 15 MIN.
GRILLZEIT: 9–12 MIN.

FÜR DIE AÏOLI
- *50 g ungesalzene Pistazien-kerne*
- *3 EL fein gehackte glatte Petersilienblätter*
- *250 ml Mayonnaise*
- *¾ TL fein abgeriebene Schale von 1 Bio-Zitrone*
- *2 TL frisch gepresster Zitronensaft*
- *2 kleine Knoblauchzehen, fein gehackt*
- *½ TL Dijon-Senf*
- *¼ TL Salz*
- *1 kräftige Prise frisch gemahlener schwarzer Pfeffer*

FÜR DIE WÜRSTE
- *8 Scheiben Roggenbrot*
- *2 EL Olivenöl*
- *¼ TL Salz*
- *¼ TL frisch gemahlener schwarzer Pfeffer*
- *400 g Merguez-Bratwürste (oder andere pikant gewürzte Bratwürste)*
- *60 g Rucola, gewaschen und trocken geschleudert*

1. Den Grill für direkte und indirekte mittlere Hitze (175–230 °C) vorbereiten.

2. Inzwischen für die Aïoli die Pistazienkerne im Mixer fein hacken. 2 EL fein gehackte Pistazien mit 1 EL Petersilie in einer kleinen Schüssel vermengen und zum Garnieren beiseitestellen. In einer mittelgroßen Schüssel restliche Pistazien und Petersilie mit allen übrigen Zutaten für die Aïoli gut verrühren. Die Brotscheiben auf beiden Seiten dünn mit dem Olivenöl bestreichen und mit Salz und Pfeffer würzen.

3. Den Grillrost mit der Bürste säubern. Die Würste über **direkter mittlerer Hitze** bei geschlossenem Deckel 7–10 Min. grillen, bis sie stellenweise kräftig gebräunt sind. Dabei die Würste ab und zu drehen und wenden. Die Würste anschließend in der indirekten Zone warm halten. Die Brotscheiben über direkter Hitze 1–2 Min. rösten, bis sie gebräunt, aber noch weich sind. Dabei ab und zu wenden. Die Zutaten vom Grill nehmen und auf ein Schneidbrett geben.

4. Die Würste schräg in 1 cm dicke Scheiben schneiden. Auf einzelne Teller je 2 Brotscheiben legen, auf die Brote jeweils 1 EL Aïoli und ein Viertel des Rucolas geben, dann die Wurstscheiben darauf anrichten. Mit dem beiseitegestellten Piastazien-Petersilien-Mix garnieren und sofort servieren.

PASTA MIT GEGRILLTER SALSICCIA, PAPRIKA UND TOMATEN

Ein perfektes sommerliches Abendessen, das mit einem mobilen Grill und vorgekochten Nudeln auch prima beim Picknick gegrillt werden kann.

FÜR 4 PERSONEN / ZUBEREITUNGSZEIT: 20 MIN. / GRILLZEIT: 12–15 MIN.
ZUBEHÖR: GELOCHTE GRILLPFANNE, DIGITALES THERMOMETER

- *300 g Cocktailtomaten, halbiert*
- *80 ml Olivenöl, plus 2 EL Öl zum Bestreichen*
- *30 g glatte Petersilie, Blätter grob gehackt*
- *15 g Basilikum, Blätter grob gehackt*
- *¾ TL frisch gemahlener schwarzer Pfeffer*
- *1 TL Salz, plus 1 EL für das Kochwasser*
- *300 g Farfalle (Schmetterlingsnudeln)*
- *je 1 große rote und gelbe Paprikaschote, der Länge nach in 8 gleich große Stücke geschnitten*
- *1 große Zwiebel, quer in 1 cm dicke Scheiben geschnitten*
- *4 rohe italienische Salsiccia-Würste (je etwa 150 g)*
- *5 EL frisch geriebener Parmesan*

1. In einer großen Servierschüssel die Tomaten mit 80 ml Öl, Petersilie, Basilikum, Pfeffer und Salz mischen. Beiseitestellen.

2. Den Grill für direkte mittlere Hitze (175–230 °C) vorbereiten. Den Grillrost mit der Bürste säubern. Die gelochte Grillpfanne 10 Min. vorheizen.

3. Für die Pasta in einem großen Topf reichlich Wasser sprudelnd zum Kochen bringen und 1 EL Salz hineingeben.

4. Inzwischen Paprikastücke, Zwiebelscheiben und Würste auf allen Seiten mit 2 EL Öl bestreichen. Paprika und Zwiebel nebeneinander in die Grillpfanne geben (bei Platzmangel die Paprikastücke direkt auf den Grillrost legen). Die Würste auf den Rost legen. Die Zutaten über **direkter mittlerer Hitze** bei geschlossenem Deckel 12–15 Min. grillen, bis das Gemüse weich ist und die Würste gebräunt und durchgegart sind bei einer Kerntemperatur von 71 °C. Dabei Gemüse und Würste gelegentlich wenden. Vom Grill nehmen.

5. Gleichzeitig die Nudeln nach Packungsangabe bissfest garen. Abseihen, abtropfen lassen und in die Servierschüssel geben.

6. Zwiebel und Paprika in mundgerechte Stücke schneiden und zur Pasta in die Schüssel geben. Würste quer in dünne Scheiben schneiden und in die Schüssel geben. Alles mit 4 EL Parmesan vermischen. Die Nudeln am Schluss noch mit 1 EL Parmesan bestreuen und sofort servieren.

LUST AUF FISCH

Fisch und Grill verstehen sich prima, wenn festfleischige und fettreiche Fischarten zum Einsatz kommen. Ob als Filet oder im Ganzen: Fisch zu grillen macht gute Laune!

GEGRILLTE FISCHFILETS
MIT LIMETTEN-KORIANDER-BUTTER

Damit die Fischfilets knusprig und goldbraun gemustert auf den Teller kommen,
sollten Sie mal den Trick mit der Tranchiergabel anwenden.

FÜR 4 PERSONEN / ZUBEREITUNGSZEIT: 15–20 MIN. / GRILLZEIT: 6–7 MIN.
ZUBEHÖR: TRANCHIERGABEL, BREITER GRILLWENDER

FÜR DIE BUTTER
- *1½ TL gemahlener Kreuzkümmel*
- *120 g weiche Butter*
- *1½ EL fein gehackte Korianderblätter samt zarten Stielen*
- *fein abgeriebene Schale von 1 großen Bio-Limette*
- *½ TL Salz*
- *¼ TL Chiliflocken*
- *¼ TL frisch gemahlener schwarzer Pfeffer*

FÜR DEN FISCH
- *2 EL Mayonnaise*
- *1 EL frisch gepresster Limettensaft*
- *¼ TL Salz*
- *¼ TL frisch gemahlener schwarzer Pfeffer*
- *4 festfleischige Fischfilets mit Haut (z. B. Wolfsbarsch; je etwa 200 g schwer und 2 cm dick), gut gekühlt*

1. Für die Butter den Kreuzkümmel in einer beschichteten Pfanne ohne Zugabe von Fett auf mittlerer Stufe unter ständigem Rühren rösten, bis er nach 30–60 Sek. duftet. In eine kleine Schüssel umfüllen. Butter, Koriander, Limettenschale, Salz, Chiliflocken und Pfeffer zufügen und alles mit einer Gabel gründlich vermischen und verkneten. Beiseitestellen.

2. Den Grill für direkte starke Hitze (230–290 °C) vorbereiten.

3. In einer zweiten kleinen Schüssel die Mayonnaise mit Limettensaft, Salz und Pfeffer glatt rühren.

4. Die Fischfilets mit Küchenpapier trocken tupfen. Mit einem scharfen Messer die Hautseiten an mehreren Stellen mit einem schrägen, flachen Schnitt von 4 cm Länge einschneiden. Danach die Filets auf beiden Seiten mit der Mayonnaise überziehen.

5. Den Grillrost mit der Bürste säubern. Die Fischfilets mit der Haut nach oben über **direkter starker Hitze** bei geschlossenem Deckel 4 Min. grillen, ohne sie zu wenden. Dann die beiden Zinken der Tranchiergabel zwischen die Streben des Rosts und den Fisch schieben und die Filets an mehreren Stellen vorsichtig anheben, bis sie sich vom Rost lösen. Mit dem Grillwender umdrehen und 2–3 Min. weitergrillen, bis das Fleisch im Kern nicht mehr glasig, aber noch saftig ist. Die Filets erneut mit der Tranchiergabel vom Rost lösen und mit dem Grillwender auf einzelne Teller heben. Auf die Filets jeweils ein Viertel der Limetten-Koriander-Butter geben und servieren.

GEGRILLTE FISCHFILETS
MIT MIRIN-VINAIGRETTE

Vier Dinge sind beim Grillen von Fischfilets wichtig: Sie müssen gut gekühlt und eingeölt sein, der Grillrost muss sehr heiß und absolut sauber sein.

FÜR 4 PERSONEN / ZUBEREITUNGSZEIT: 12 MIN. / GRILLZEIT: 8–10 MIN.
ZUBEHÖR: BREITER GRILLWENDER

FÜR DEN FISCH

- 4 Felsenbarsch-, Wolfsbarsch- oder Heilbuttfilets mit oder ohne Haut (je 180 g schwer und 2 cm dick), gut gekühlt
- 1 Limette, halbiert
- ¾ TL Salz
- 8 Frühlingszwiebeln, Wurzelansatz entfernt
- 1 EL plus 1 TL Traubenkernöl

FÜR DIE VINAIGRETTE

- 2 EL Mirin (süßer japanischer Reiswein zum Kochen)
- 1½ EL geröstetes Sesamöl
- 2 TL Reisessig
- ½ TL Salz
- ¼ TL frisch gemahlener schwarzer Pfeffer
- 1 kräftige Prise Knoblauchpulver

DAS GRILL-GUT EINÖLEN, NICHT DEN ROST! ODER DAS WEBER NON STICK SPRAY VERWENDEN, DAS EXTRA ENTWICKELT WURDE, UM ES AUF DEN ROST ZU SPRÜHEN.

Bild 1: Die Hautseite zeigt nach oben. *Bild 2: Mit einem breiten Grillwender umdrehen.*

1. Den Grill für direkte mittlere bis starke Hitze (230 °C) vorbereiten.

2. Die Fischfilets mit dem Saft von ½ Limette beträufeln und mit dem Salz bestreuen. Zurück in den Kühlschrank stellen.

3. In einer kleinen Schüssel die Vinaigrette-Zutaten verquirlen.

4. Die Frühlingszwiebeln mit 1 TL Traubenkernöl mischen. Die Fischfilets aus dem Kühlschrank nehmen und auf beiden Seiten mit 1 EL Traubenkernöl bepinseln.

5. Den Grillrost mit der Bürste säubern. Die Filets mit der Fleisch-seite nach unten (Bild 1) über **direkter mittlerer bis starker Hitze** bei geschlossenem Deckel etwa 6 Min. grillen, bis sie sich leicht vom Rost lösen lassen. Mit dem Grillwender die Filets umdrehen (Bild 2) und auf der Hautseite weitere 2–4 Min. grillen, bis sie im Kern nicht mehr glasig, aber noch saftig sind (Bild 3).

Bild 3: Die Filets sind saftig, aber nicht mehr glasig.   *Bild 4: Die Frühlingszwiebeln quer auflegen.*

6. Gleich nach dem Wenden der Filets die Frühlingszwiebeln quer zu den Streben auf den Rost legen (Bild 4) und 2–3 Min. grillen, bis sie etwas weicher und ein wenig gemustert sind. Dabei ein- bis zweimal wenden. Den Grillwender zwischen Haut und Fleisch oder unter die hautlosen Filets schieben und diese auf einen Teller heben. Frühlingszwiebeln vom Grill nehmen und auf ein Schneidbrett geben.

7. Die zweite Limettenhälfte in vier Spalten schneiden. Die Frühlingszwiebeln schräg in etwa 2 cm lange Stücke schneiden und als Gemüsebett auf vier Tellern anrichten. Je 1 Fischfilet und 1 Limettenspalte daraufgeben. Den Fisch mit etwas Vinaigrette beträufeln und servieren. Die restliche Vinaigrette separat dazu reichen.

GEGRILLTE LACHSFILETS MIT ZAZIKI

Auch wenn Fischfilets meist grätenfrei im Handel sind: Prüfen Sie sie vor der Zubereitung immer auf Gräten und entfernen Sie diese gegebenenfalls.

FÜR 4 PERSONEN / ZUBEREITUNGSZEIT: 20 MIN. / GRILLZEIT: 8–12 MIN.
ZUBEHÖR: BREITER GRILLWENDER

FÜR DEN FISCH
- 4 Lachsfilets mit Haut (je 180 g schwer und 2 cm dick), gut gekühlt
- 1 Zitrone, geviertelt
- ¾ TL Salz
- 1 EL Olivenöl

FÜR DAS ZAZIKI
- 1 Salatgurke (etwa 300 g), gewaschen und trocken getupft
- 250 g griechischer Naturjoghurt
- 1 EL fein gehackte Minze, Oregano oder Estragon, plus einige ganze Blätter oder Stängel
- 2 TL frisch gepresster Zitronensaft
- 1 kleine Knoblauchzehe, fein gehackt oder durchgepresst
- 1 TL Salz

AUSSERDEM
- frisch gemahlener schwarzer Pfeffer

1. Den Grill für direkte mittlere bis starke Hitze (etwa 230 °C) vorbereiten.

2. Die Lachsfilets auf einem großen Teller mit dem Saft von 2 Zitronenvierteln beträufeln und mit dem Salz würzen. Bis zum Grillen in den Kühlschrank stellen.

3. Für das Zaziki die Gurke grob raspeln. Anschließend die Gurkenraspel mit den Händen gut ausdrücken. In einer mittelgroßen Schüssel mit den übrigen Zutaten für das Zaziki vermischen. Die Schüssel mit Frischhaltefolie abdecken und bis zum Servieren in den Kühlschrank stellen.

4. Den Grillrost mit der Bürste säubern. Die Fischfilets auf beiden Seiten mit 1 EL Olivenöl bepinseln und mit der Hautseite nach oben über **direkter mittlerer bis starker Hitze** bei geschlossenem Deckel 6–8 Min. grillen, bis sie sich leicht vom Rost lösen lassen, ohne haften zu bleiben. Mit dem breiten Grillwender die Filets behutsam umdrehen und bis zum gewünschten Gargrad weitergrillen, für halb durchgebraten bzw. medium rare 2–4 Min. Mit dem Grillwender die Fischfilets von der Haut abheben und auf einzelne Teller legen.

5. Auf jedes Lachsfilet 1 großzügigen Löffel Zaziki geben, dann Fisch und Zaziki mit etwas Pfeffer würzen. Die übrigen beiden Zitronenviertel halbieren. Auf jeden Teller 1 Zitronenstück legen, alles mit ganzen Kräuterblättern oder -stängeln garnieren und sofort servieren. Restliches Zaziki separat dazu reichen.

GANZE LACHSSEITE MIT MEERRETTICH-SENF-CREME

FÜR 6 PERSONEN
ZUBEREITUNGSZEIT: 10 MIN.
GRILLZEIT: 8–10 MIN.
ZUBEHÖR: 2 BREITE GRILLWENDER

FÜR DIE CREME

- *250 g Crème fraîche*
- *2 EL Tafelmeerrettich*
- *½ Bund Schnittlauch, in feine Röllchen geschnitten*
- *2 EL körniger Senf*
- *¼ TL Salz*

FÜR DEN FISCH

- *1 großes Lachsfilet mit Haut (etwa 1 kg), gut gekühlt*
- *¾ TL Salz*
- *½ TL frisch gemahlener schwarzer Pfeffer*
- *2 EL Mayonnaise*

1. Den Grill für direkte mittlere bis starke Hitze (200–230 °C) vorbereiten.

2. Inzwischen in einer kleinen Schüssel die Crème fraîche mit Meerrettich, der Hälfte des Schnittlauchs, Senf und Salz glatt rühren. Zugedeckt bis zum Servieren in den Kühlschrank stellen.

3. Den Grillrost mit der Bürste säubern. Den Lachs auf der Fleischseite mit Salz und Pfeffer würzen, anschließend auf beiden Seiten dünn mit der Mayonnaise bestreichen. Mit der Haut nach unten über **direkter mittlerer bis starker Hitze** bei geschlossenem Deckel etwa 5 Min. grillen, bis die Haut stellenweise gut gebräunt ist. Mit den beiden breiten Grillwendern behutsam umdrehen und 3–5 Min. weitergrillen, bis das Fischfleisch auch an der dicksten Stelle im Kern nicht mehr glasig ist. Vom Grill auf eine Servierplatte heben.

4. Den Lachs mit dem restlichen Schnittlauch bestreuen und mit der Meerrettichsenf-Creme servieren.

GEFÜLLTE FORELLEN VOM GRILL

FÜR 4 PERSONEN
ZUBEREITUNGSZEIT: 15 MIN.
GRILLZEIT: 10–12 MIN.
ZUBEHÖR: BREITER GRILLWENDER

- *1½ TL Salz*
- *1 TL gemahlener Koriander*
- *1 TL frisch gemahlener schwarzer Pfeffer*
- *4 küchenfertige Forellen (je 300–350 g), mit Kopf und Schwanz*
- *2 Bio-Zitronen, eine Frucht längs halbiert und quer in 16 halbmondförmige Scheiben geschnitten, die andere Frucht geviertelt*
- *20 Thymianstängel, plus Thymian zum Garnieren (nach Belieben)*
- *8 große Estragonstängel, plus Estragon zum Garnieren (nach Belieben)*
- *6 TL plus 1 EL Olivenöl*

1. Den Grill für direkte mittlere bis starke Hitze (200–230 °C) vorbereiten.

2. In einer kleinen Schüssel Salz, Koriander und Pfeffer mischen. Die Forellen auf eine große Arbeitsfläche legen und möglichst weit aufklappen. Die Fische innen mit dem Salz-Koriander-Mix bestreuen. Die Unterseiten der Bauchhöhlen mit je 2 Zitronenscheiben belegen, darauf jeweils 5 Thymian- und 2 Estragonstängel und nochmals 2 Zitronenscheiben geben. Zum Schluss die Füllungen mit jeweils 1 TL Öl beträufeln. Die Forellen wieder zusammenklappen und an drei Stellen mit Küchengarn binden.

3. Den Grillrost mit der Bürste säubern. Die Fische rundherum mit 1 EL Öl bepinseln. Über **direkter mittlerer bis starker Hitze** bei geschlossenem Deckel 10–12 Min. grillen, bis das Fischfleisch im Kern nicht mehr glasig und die Haut stellenweise kräftig gebräunt ist, dabei die Fische nach 5 Min. mit dem breiten Grillwender einmal umdrehen. 4–5 Min. vor Ende der Grillzeit die Zitronenviertel mit einer der Schnittflächen nach unten auf den Rost legen und grillen, bis sie gebräunt und saftig sind. Dabei einmal wenden, damit auch die zweite Schnittfläche bräunt.

4. Die Forellen auf einer Servierplatte anrichten und das Küchengarn entfernen. Mit den gegrillten Zitronenvierteln umlegen, nach Belieben mit frischen Kräuterstängeln garnieren und servieren.

LUST AUF
GEMÜSE & SALATE

Grillen ist Vergnügen und Genuss in einem,
weshalb selbst Gemüsemuffel beherzt in die
Gemüsekiste greifen, wenn es ums Grillen
geht: Es schmeckt eben einfach richtig gut!

GRÜNER UND WEISSER SPARGEL
MIT PINIENKERN-PESTO

Milder weißer Spargel und nussiger grüner Spargel vereinen sich zusammen mit dem Pinienkern-Pesto zu einem aufregend neuen Spargelgeschmack.

FÜR 4 PERSONEN / ZUBEREITUNGSZEIT: 25 MIN. / GRILLZEIT: 4–6 MIN.
ZUBEHÖR: GROSSER GEMÜSEKORB, GRILLZANGE

FÜR DAS PESTO
• *70 g Pinienkerne*
• *30 g Parmesan oder Pecorino, frisch gerieben*
• *5 EL Olivenöl*
• *1 Knoblauchzehe, fein gehackt oder durchgepresst*
• *¼ TL Salz*
• *¼ TL frisch gemahlener schwarzer Pfeffer*

FÜR DEN SPARGEL
• *500 g mitteldicke weiße Spargelstangen*
• *2 EL frisch gepresster Zitronensaft*
• *1¼ TL Salz*
• *500 g mitteldicke grüne Spargelstangen*
• *2 EL Olivenöl*
• *¼ TL frisch gemahlener schwarzer Pfeffer*

WENN SIE DEN SPARGEL DIREKT AUF DEM GRILLROST ZUBEREITEN WOLLEN, MÜSSEN SIE DIE STANGEN RECHTWINKLIG ZU DEN STREBEN DES ROST AUFLEGEN.

Bild 1: Die Pinienkerne hellbraun rösten.　　*Bild 2: Vom Spargel die Enden abbrechen.*

1. In einer kleinen Pfanne die Pinienkerne ohne Zugabe von Fett auf mittlerer Stufe unter ständigem Rühren in 3–4 Min. hellbraun rösten (Bild 1). Vom Herd nehmen und auf einem Teller ein paar Minuten abkühlen lassen. Die Pinienkerne im Mixer mit Käse, Öl, Knoblauch, Salz und Pfeffer zu einem nicht zu feinen Pesto verarbeiten. In eine Schüssel geben und beiseitestellen.

2. Vom weißen Spargel die holzigen Enden entfernen. Dafür das untere Ende jeder Stange behutsam umbiegen, bis sie dort bricht, wo sie gerade noch zart ist, etwa im unteren Drittel. Anschließend die unteren zwei Drittel der weißen Spargelstangen schälen. In einer großen Pfanne mit hohem Rand Wasser aufkochen, dann Zitronensaft und 1 TL Salz hineingeben. Die Stangen einlegen und 4–7 Min. köchelnd garen, bis sie sich mit einem spitzen Messer gerade eben einstechen lassen (sie werden anschließend auf dem Grill fertig gegart). Die Stangen mit einer Küchenzange vorsichtig auf ein sauberes Küchentuch heben. Abtropfen und abkühlen lassen.

Bild 3: Den Gemüsekorb vorheizen.

Bild 4: Spargel nebeneinander in den Korb legen.

3. Vom grünen Spargel ebenfalls die holzigen Enden entfernen (Bild 2). Dafür jeweils das untere Ende der Stangen behutsam umbiegen, bis sie dort brechen, wo sie gerade noch zart sind. Anschließend die unteren 5 cm der Stangen schälen. Auf diese Weise gart grüner Spargel auf dem Grill gleichmäßiger.

4. Den Grill für direkte mittlere bis starke Hitze (200–260 °C) vorbereiten. Den Gemüsekorb 10 Min. vorheizen (Bild 3).

5. Alle Spargelstangen rundherum dünn mit Olivenöl bestreichen und mit je ¼ TL Salz und Pfeffer würzen. Die Stangen nebeneinander in den heißen Gemüsekorb legen (Bild 4) und über **direkter mittlerer bis starker Hitze** bei geschlossenem Deckel 4–6 Min. grillen, bis die Stangen knackig-zart und leicht gebräunt sind, dabei den Spargel gelegentlich mit der Grillzange drehen und wenden. Vom Grill nehmen und auf eine Servierplatte geben. Das Pesto über den Spargel löffeln und sofort servieren.

GEGRILLTER GRÜNER SPARGEL MIT MISO-BUTTER

FÜR 4 PERSONEN
ZUBEREITUNGSZEIT: 15 MIN.
GRILLZEIT: 7–8 MIN.
ZUBEHÖR: GRILLZANGE

- *2 EL helle japanische Miso-Paste (Shiro Miso)*
- *1 EL weiche Butter*
- *¼ TL geröstetes Sesamöl*
- *1 Knoblauchzehe, fein gehackt*
- *700 g mitteldicke grüne Spargelstangen, holzige Enden entfernt, unteres Drittel geschält*
- *1½ EL Öl*
- *¾ TL Salz*
- *Meersalzflocken (z. B. Fleur de Sel) zum Servieren*

1. Den Grill für direkte mittlere bis starke Hitze (200–230 °C) vorbereiten.

2. In einer kleinen Schüssel die Miso-Paste mit Butter, Sesamöl und Knoblauch glatt rühren.

3. Den Grillrost mit der Bürste säubern. Die Spargelstangen auf ein Backblech mit Rand legen, rundherum mit Öl bestreichen und mit Salz würzen. Die Stangen rechtwinklig zu den Streben auf den Rost legen und über **direkter mittlerer bis starker Hitze** bei geschlossenem Deckel 7–8 Min. grillen, bis sie weich und schön gemustert sind, dabei mit der Grillzange ab und zu wenden und drehen. Das Backblech mit Küchenpapier sauber wischen.

4. Den fertig gegarten Spargel wieder auf das Backblech geben. Die Miso-Butter über die Spargelstangen löffeln und die warmen Stangen in der Butter wenden, bis sie gleichmäßig von ihr überzogen sind. Den Spargel auf einer Servierplatte anrichten, mit Meersalzflocken bestreuen und warm servieren.

MIT ROSMARINHONIG GLASIERTE MÖHREN VOM GRILL

FÜR 4 PERSONEN
ZUBEREITUNGSZEIT: 10 MIN.
GRILLZEIT: 15–25 MIN.
ZUBEHÖR: GRILLZANGE, KLEINER
FEUERFESTER TOPF

• 600 g Bundmöhren, abge-
braust und abgebürstet, nach
Belieben geschält, das Grün
auf 3–4 cm Länge gestutzt
• 1 EL Olivenöl
• ½ TL Salz
• 4 EL Honig
• 2 Rosmarinzweige
• 1 kräftige Prise
Knoblauchpulver
• 1 Prise Chiliflocken
• Meersalzflocken (z.B. Fleur
de Sel) zum Servieren

1. Den Grill für direkte mittlere Hitze (175–200 °C) vorbereiten.

2. Den Grillrost mit der Bürste säubern. Die Möhren auf einem großen Teller rundherum mit Olivenöl bestreichen und salzen. Die Möhren quer zu den Streben auf den Rost legen und über **direkter mittlerer Hitze** bei geschlossenem Deckel 15–25 Min. grillen, bis sie weich und gebräunt sind, dabei gelegentlich wenden und drehen, damit sie gleichmäßig garen.

3. Kurz vor Ende der Grillzeit in dem kleinen feuerfesten Topf Honig, Rosmarinzweige, Knoblauchpulver und Chiliflocken ver- mischen. Auf dem Grillrost über direkter Hitze bei geschlossenem Deckel 30–60 Sek. erwärmen, bis der Honig so flüssig ist, dass er sich gut verstreichen lässt.

4. Die Möhren rundherum und möglichst dick mit der Honig- glasur bepinseln. Den Deckel wieder schließen und die Möhren weitere 30–60 Sek. grillen, bis der Honig leicht nach Karamell duf- tet. Möhren vom Grill nehmen und auf einen Servierteller geben.

5. Die Möhren mit Meersalzflocken bestreuen und warm oder zimmerwarm servieren.

GEGRILLTE LAUCHSTANGEN MIT SENFDRESSING

Wie Spargel ist auch Lauch ein wunderbares Grillgemüse. Ob als Beilage oder vegetarisches Hauptgericht: Hier darf er mal zeigen, was er solo draufhat.

FÜR 4–6 PERSONEN / ZUBEREITUNGSZEIT: ETWA 20 MIN.
GRILLZEIT: 7 MIN. / ZUBEHÖR: GRILLZANGE

FÜR DEN LAUCH

- *12 Stangen Lauch (je etwa 3 cm dick)*
- *3 Handvoll Eiswürfel*
- *1 TL Salz*
- *2 EL Olivenöl*
- *½ TL frisch gemahlener schwarzer Pfeffer*

FÜR DAS DRESSING

- *4 EL Olivenöl*
- *2 EL fein gehackte glatte Petersilienblätter*
- *2 EL Weißweinessig*
- *2 EL körniger Senf*
- *2 EL Mayonnaise*
- *1 große Knoblauchzehe, fein gehackt*
- *½ TL Salz*

1. Vom Lauch den dunkelgrünen oberen Teil entfernen. Vom Wurzelende nur so viel abschneiden, dass die Stangen noch zusammenhalten. Die vorbereiteten Lauchstangen der Länge nach bis kurz vor dem Wurzelende einschneiden, unter fließendem kaltem Wasser abbrausen und dabei die Blattschichten auffächern, um Sand- und Erdreste zu entfernen.

2. Eine große Schüssel zur Hälfte mit kaltem Wasser und dem Eis füllen. In eine große Pfanne mit hohem Rand 4 cm hoch Wasser gießen, das Wasser zum Köcheln bringen und ½ TL Salz hineingeben. Die Lauchstangen im köchelnden Wasser etwa 5 Min. vorgaren, bis sich die Wurzelenden mit einem spitzen Messer bis zur Mitte einstechen lassen. Zwischendrin mehrfach prüfen, ob die einzelnen Stangen schon gar sind. Fertige Stangen sofort aus der Pfanne nehmen und 5–10 Min. ins Eiswasser legen. Herausnehmen, überschüssiges Wasser kräftig ausdrücken und die Lauchstangen mit Küchenpapier trocken tupfen.

3. In einer kleinen Schüssel die Dressingzutaten verrühren.

4. Den Grill für direkte mittlere bis starke Hitze (200–260 °C) vorbereiten.

5. Den Grillrost mit der Bürste säubern. Die Lauchstangen rundherum dünn mit 2 EL Olivenöl bestreichen und mit je ½ TL Salz und Pfeffer würzen. Quer zu den Streben auf den Rost legen und über **direkter mittlerer bis starker Hitze** bei geschlossenem Deckel etwa 7 Min. grillen, bis die Stangen

stellenweise kräftig gebräunt sind. Dabei zwei- bis dreimal wenden. Den Lauch auf eine Servierplatte legen, nach Belieben halbieren und das heiße Gemüse mit der Hälfte des Dressings beträufeln. Zum Servieren den Lauch warm oder zimmerwarm auf einzelnen Tellern anrichten und auf jede Portion weiteres Dressing geben.

MAISKOLBEN MIT LIMETTEN-CHILI-QUARK

FÜR 6 PERSONEN
ZUBEREITUNGSZEIT: 15 MIN.
GRILLZEIT: 12–15 MIN.
ZUBEHÖR: GRILLZANGE

FÜR DEN QUARK

- *1 große Bio-Limette*
- *150 g Quark*
- *4 EL Mayonnaise*
- *2 EL fein gehackte Koriander-blätter (ersatzweise Schnitt-lauchröllchen oder fein gehackte Oreganoblätter)*
- *1 TL Chilipulver*
- *½ TL Salz*
- *½ TL frisch gemahlener schwarzer Pfeffer*

FÜR DEN MAIS

- *6 Maiskolben, Hüllblätter entfernt*
- *2 EL Olivenöl*
- *½ TL Salz*
- *½ TL frisch gemahlener schwarzer Pfeffer*

1. Die Limette heiß abbrausen, trocken tupfen und etwa 1 TL Schale fein abreiben. Die Limette anschließend in Viertel schneiden und die Limettenviertel beiseitelegen.

2. In einer kleinen Schüssel den Quark mit Limettenabrieb, Mayonnaise, fein gehackten Korianderblättern, Chilipulver, Salz und Pfeffer glatt rühren. Bis zum Servieren beiseitestellen.

3. Den Grill für direkte mittlere bis starke Hitze (200–260 °C) vorbereiten.

4. Den Grillrost mit der Bürste säubern. Die Maiskolben rundherum mit dem Olivenöl bestreichen, salzen und pfeffern. Über **direkter mittlerer bis starker Hitze** bei geschlossenem Deckel 12–15 Min. grillen, bis sie stellenweise kräftig gebräunt sind. Dabei die Kolben im Abstand von 2–3 Min. drehen und wenden. Vom Grill nehmen.

5. Die Maiskolben auf einer Servierplatte oder einzelnen Tellern anrichten und mit dem Limetten-Chili-Quark überziehen. Die Limettenviertel darüber ausdrücken und die Maiskolben sofort servieren.

AUBERGINEN MIT FETA, PINIENKERNEN UND MINZE

FÜR 4 PERSONEN
ZUBEREITUNGSZEIT: 20 MIN.
GRILLZEIT: 10 MIN.
ZUBEHÖR: GRILLWENDER ODER
GRILLZANGE

- *30 g Pinienkerne*
- *5 EL Olivenöl*
- *2 Knoblauchzehen,*
  fein gehackt
- *1 Bio-Zitrone, halbiert,*
  Saft von einer Hälfte
  ausgepresst
- *1 EL Rotweinessig*
- *1 TL Salz*
- *1 kräftige Prise Chiliflocken*
- *600 g Auberginen,*
  quer in 1 cm dicke Scheiben
  geschnitten
- *¼ TL frisch gemahlener*
  schwarzer Pfeffer
- *3 Frühlingszwiebeln,*
  nur die weißen und
  hellgrünen Teile in feine
  Scheiben geschnitten
- *60 g Feta, zerbröckelt*
- *4 EL fein gehackte*
  Minzblätter

1. Den Grill für direkte mittlere bis starke Hitze (200–230 °C) vorbereiten.

2. In einer kleinen Pfanne die Pinienkerne ohne Zugabe von Fett auf mittlerer Stufe unter ständigem Rühren in 3–4 Min. hellbraun rösten. Auf einem Teller bis zum Servieren abkühlen lassen.

3. In einer kleinen Schüssel das Olivenöl mit dem Knoblauch verrühren. Anschließend 2 EL des Knoblauchöls in eine mittelgroße Schüssel geben und mit dem Zitronensaft, Essig, ¼ TL Salz und den Chiliflocken zu einer Vinaigrette verrühren.

4. Den Grillrost mit der Bürste säubern. Die Auberginenscheiben auf beiden Seiten mit den restlichen 3 EL Knoblauchöl bestreichen und mit dem restlichen ¾ TL Salz und dem Pfeffer würzen. Über **direkter mittlerer bis starker Hitze** bei geschlossenem Deckel 8–10 Min. grillen, bis die Auberginenscheiben weich und gebräunt sind, dabei ein- bis zweimal wenden. 2 Min. vor Ende der Grillzeit die zweite Zitronenhälfte mit der Schnittfläche nach unten auf den Rost geben, bis sie gut durchgewärmt und hübsch gemustert ist.

5. Die Auberginenscheiben leicht überlappend auf einem großen Servierteller anrichten. Mit Frühlingszwiebeln und Feta bestreuen. Die Vinaigrette noch einmal kurz aufschlagen und über die Auberginen träufeln. Minze und Pinienkerne darüberstreuen, die gegrillte Zitronenhälfte zum Beträufeln dazulegen und servieren.

SALAT MIT GEGRILLTEN RADIESCHEN

FÜR 4 PERSONEN
ZUBEREITUNGSZEIT: 20 MIN.
RUHEZEIT: 5 MIN.
GRILLZEIT: ETWA 5 MIN.
ZUBEHÖR: GROSSE GELOCHTE
GRILLPFANNE, GRILLZANGE

FÜR DAS DRESSING
- 2½ EL Olivenöl
- ½ TL fein abgeriebene Schale von 1 Bio-Zitrone
- 1 EL frisch gepresster Zitronensaft
- 1½ TL Mayonnaise
- ½ TL Dijon-Senf
- je ¼ TL Salz und frisch gemahlener schwarzer Pfeffer

FÜR DEN SALAT
- 12 Radieschen, halbiert
- 1 EL Olivenöl
- ¼ TL Salz
- 1 kräftige Prise frisch gemahlener schwarzer Pfeffer
- 4 Handvoll Rucola, gewaschen und trocken geschleudert
- ½ Bund Schnittlauch, in Röllchen geschnitten
- 2 Eier, hart gekocht, gepellt und längs geviertelt
- 1 Avocado, das Fruchtfleisch in 1 cm große Stücke geschnitten

1. In einer großen Schüssel die Zutaten für das Dressing zu einer cremigen Emulsion aufschlagen. Beiseitestellen.

2. Den Grill für direkte mittlere bis starke Hitze (200–260 °C) vorbereiten. Die gelochte Grillpfanne 10 Min. vorheizen.

3. In einer kleinen Schüssel die Radieschenhälften mit Olivenöl, Salz und Pfeffer vermischen. Die Radieschen in einer Lage in der heißen Grillpfanne verteilen und über **direkter mittlerer bis starker Hitze** etwa 5 Min. grillen, bis sie ein wenig gemustert sind. Dabei gelegentlich mit der Grillzange wenden. In die Schüssel mit dem Zitronendressing geben, gut durchmischen und 5 Min. abkühlen lassen.

4. Rucola und drei Viertel des Schnittlauchs mit den Radieschen vermengen. Den Salat auf einer Servierplatte oder einzelnen Tellern anrichten. Eier, Avocadostücke und den restlichen Schnittlauch darüber verteilen und sofort servieren.

KARTOFFELSALAT MIT KNOBLAUCH UND ROSMARIN

FÜR 4 PERSONEN
ZUBEREITUNGSZEIT: 15 MIN.
GRILLZEIT: 8–10 MIN.
ZUBEHÖR: GROSSE GELOCHTE
GRILLPFANNE, GRILLHANDSCHUHE
ODER GRILLZANGE

FÜR DIE KARTOFFELN

• *500 g neue Kartoffeln,
  abgebraust und abgebürstet,
  halbiert*
• *3 EL Olivenöl*
• *2 große Knoblauchzehen,
  fein gehackt*
• *2½ TL fein gehackter
  Rosmarin*
• *¾ TL Salz*
• *¼ TL frisch gemahlener
  schwarzer Pfeffer*

AUSSERDEM

• *1 TL fein abgeriebene Schale
  von 1 Bio-Zitrone*
• *2 TL frisch gepresster
  Zitronensaft*
• *1 Bund Rucola, gewaschen
  und trocken geschleudert
  (nach Belieben)*

1. Den Grill für direkte mittlere Hitze (175–230 °C) vorbereiten. Die Grillpfanne 10 Min. vorheizen.

2. In der Zwischenzeit die Kartoffelhälften auf dem Herd knapp weich garen. Abgießen und kurz ausdampfen lassen. In einer mittelgroßen Schüssel mit dem Olivenöl, Knoblauch, Rosmarin, Salz und Pfeffer mischen.

3. Die Kartoffeln mit einem Schaumlöffel aus der Schüssel heben, über der Schüssel das Öl abtropfen lassen und die Kartoffeln in einer Lage in der Grillpfanne verteilen. Über **direkter mittlerer Hitze** bei geschlossenem Deckel 8–10 Min. grillen, bis die Kartoffeln weich und stellenweise kräftig gebräunt sind, dabei mit Grillhandschuhen die Pfanne ab und zu kräftig rütteln oder die Kartoffeln einzeln mit der Grillzange wenden.

4. Die heißen Kartoffeln zurück in die Schüssel mit dem Öl geben und mit Zitronenabrieb, Zitronensaft und nach Belieben dem Rucola vermischen. Falls die Rucolablätter knackig bleiben sollen, die Kartoffeln auf Raumtemperatur abkühlen lassen und erst dann die Salatblätter untermischen. Den Salat auf Tellern oder einer Servierplatte anrichten und warm oder zimmerwarm servieren.

BUNTER KRITHARAKI-SALAT

Schmeckt richtig gut, sieht super aus und ist auch für ein abendliches Grillpicknick der Hit: Nur die Nudeln mit den Frühlingszwiebeln müssen dazu vorbereitet werden.

FÜR 6 PERSONEN / ZUBEREITUNGSZEIT: 15 MIN. / GRILLZEIT: 10 MIN.
ZUBEHÖR: 2–4 METALL-, HOLZ- ODER BAMBUSSPIESSE, GELOCHTE GRILLPFANNE

- 6 EL Olivenöl
- 2 Frühlingszwiebeln, nur die weißen und hellgrünen Teile in feine Scheiben geschnitten
- 3 Knoblauchzehen, fein gehackt
- 4 TL Salz
- ½ TL frisch gemahlener schwarzer Pfeffer
- ½ TL Chiliflocken
- 3 EL Weißweinessig
- 500 g Kritharaki, Orzo oder Risoni (Nudeln in Reisform)
- 200 g Cocktailtomaten
- 600 g Grillkrakauer
- 1 Zitrone, halbiert, entkernt
- 1 Handvoll grob gehackte Kräuter (z. B. glatte Petersilie, Basilikum oder Estragon)
- 150 g entsteinte Kalamata-Oliven, in Scheiben geschnitten

1. Holz- oder Bambusspieße mind. 30 Min. wässern.

2. Den Grill für direkte mittlere bis starke Hitze (etwa 230 °C) vorbereiten. Den Grillrost mit der Bürste säubern. Die Grillpfanne 10 Min. vorheizen.

3. Inzwischen in einer großen Schüssel 3 EL Öl mit Frühlingszwiebeln, Knoblauch, 2 TL Salz, Pfeffer, Chiliflocken und Essig verrühren. Beiseitestellen.

4. In einem großen Topf reichlich Wasser zum Kochen bringen und 2 TL Salz hineingeben. Die Nudeln darin nach Packungsangabe bissfest garen. In ein Sieb abgießen, gut abtropfen lassen, in die große Schüssel geben und alles gut vermengen. Während die Nudeln kochen, die Tomaten auf die Spieße stecken und rundherum mit 1 EL Olivenöl bestreichen.

5. Die Würste in die Grillpfanne legen und über **direkter mittlerer bis starker Hitze** bei geschlossenem Deckel von allen Seiten etwa 8 Min. grillen, bis sie rundherum gebräunt sind. Gleichzeitig die Tomatenspieße 3–4 Min. grillen, bis die Unterseiten gebräunt sind. Die Spieße wenden und jetzt die Zitronenhälften mit den Schnittflächen nach unten auf den Rost legen. Alles bei geschlossenem Grilldeckel weitergrillen, bis die Tomaten nach 2–3 Min. aufplatzen. Tomatenspieße vom Grill nehmen.

6. Die Zitronenhälften weitere 2 Min. grillen, bis sie weich, saftig und gebräunt sind. Zitronenhälften und Würste vom Grill nehmen. Würste und Tomaten etwas abkühlen lassen, dann

die Würste schräg in mundgerechte Stücke schneiden, die Tomaten
von den Spießen streifen. Wurst und Tomaten zu den Nudeln in
die Schüssel geben und alles mit den übrigen 2 EL Öl vermischen.
Die Zitronenhälften über dem Nudelsalat auspressen, Kräuter und
Oliven untermischen. Den Salat warm oder zimmerwarm servieren.

REGISTER

IMPRESSUM

Weber-Stephen Products LLC
Executive Board Director: Mike Kempster

Copyright © 2018 Weber-Stephen Products LLC

Copyright der deutschen Ausgabe © 2018 GRÄFE UND UNZER VERLAG GmbH, Grillparzer Straße 12, 81675 München

Autor: Jamie Purviance
Projektleitung: Verena Kordick
Übersetzung: Susanne Vogel für Werkstatt München · Buchproduktion
Lektorat und Redaktion: Karen Dengler, Werkstatt München · Buchproduktion
Satz: Anja Dengler, Werkstatt München · Buchproduktion
Umschlag und Innenlayout: independent Medien-Design, München
Herstellung: Anna Bäumner
Reproduktion: Longo AG, Bozen
Druck und Bindung: Firmengruppe APPL, aprinta druck, Wemding

Bildnachweis: Produktion Rezeptfotos StockFood GmbH, München; Rezeptfotos Seite 8–10, 25, 31–37, 47–49, 53, 60, 65–67, 71–72, 74–75: Frank Weymann, Foodstyling Peter Schlezig; Rezeptfotos Seite 11–15, 19–23, 27–29, 41–45, 55–59, 61, 68–69, 73, 77: Meike Bergmann, Foodstyling Caroline Franke; Coverfoto, Klappe vorne innen (Bild 1 und 2), Seite 1 und Klappe hinten außen (Die besten Kombis): Mathias Neubauer, Foodstyling Manuel Weyer; weitere Fotos auf den Klappen sowie Seite 5–6, 16, 38, 50, 62, 80: © Weber-Stephen Products LLC; Illustration: Shutterstock (Victor Metelskiy)

ISBN 978-3-8338-6538-1

3. Auflage 2018

HINWEIS ZUR VERWENDUNG VON ALUMINIUMFOLIE:
In einigen Rezepten in diesem Buch wird Alufolie verwendet. Da salz- und säurehaltige Rezeptbestandteile Aluminium anlösen und auf das verpackte Lebensmittel übergehen lassen können, empfehlen wir den Einsatz von mit Backpapier beschichteter Alufolie (Back-Alufolie). Sie ist im gut sortiertem Lebensmittelhandel erhältlich.

Liebe Leserin, lieber Leser,

haben wir Ihre Erwartungen erfüllt? Sind Sie mit diesem Buch zufrieden? Haben Sie weitere Fragen zu diesem Thema? Wir freuen uns auf Ihre Rückmeldung, auf Lob, Kritik und Anregungen, damit wir für Sie immer besser werden können.

GRÄFE UND UNZER Verlag
Leserservice
Postfach 86 03 13
81630 München
E-Mail:
leserservice@graefe-und-unzer.de

Telefon: 00800 / 72 37 33 33*
Telefax: 00800 / 50 12 05 44*
Mo–Do: 9.00 – 17.00 Uhr
Fr: 9.00 – 16.00 Uhr
(gebührenfrei in D, A, CH)*

Ihr GRÄFE UND UNZER Verlag
Der erste Ratgeberverlag – seit 1722.

Ein Unternehmen der
GANSKE VERLAGSGRUPPE

 www.facebook.com/gu.verlag